80 rec

avec du SOYA

De la même auteure:

Les merveilles du bicarbonate de soude, © Edimag 2007-2010

80 nouvelles recettes au tofu, © Edimag 2009

Bicarbonate de soude: l'indispensable, © Edimag 2011

Les merveilles du vinaigre, © Edimag 2012

ÉDIMAG

C.P. 325, Succursale Rosemont
Montréal, Canada H1X 3B8
Courrier électronique: info@edimag.com

Correction: Gilbert Dion, Michèle Marchand
Infographie: Écho international

Dépôt légal: troisième trimestre 2012
Bibliothèque et Archives nationales du Québec
Bibliothèque et Archives Canada

ISBN : 978-2-89542-372-0

Nous reconnaissons l'aide financière du gouvernement du Canada par l'entremise du Fonds du livre du Canada (FLC) pour nos activités d'édition.

Lise SOTO

80 recettes avec du SOYA

ÉDIMAG

DISTRIBUTEURS EXCLUSIFS

POUR LE CANADA ET LES ÉTATS-UNIS
LES MESSAGERIES ADP
2315, rue de la Province
Longueuil (Québec) CANADA
J4G 1G4

Téléphone: 450 640-1234
Télécopieur: 450 674-6237
www.messageries-adp.com
Courriel: adpcommercial@sogides.com

POUR LA SUISSE
TRANSAT DIFFUSION
Case postale 3625
1 211 Genève 3 SUISSE

Téléphone: (41-22) 342-77-40
Télécopieur: (41-22) 343-46-46
Courriel: transat-diff@slatkine.com

POUR LA FRANCE ET LA BELGIQUE
DISTRIBUTION DU NOUVEAU MONDE (DNM)
30, rue Gay-Lussac
75005 Paris FRANCE

DNM

Téléphone: (1) 43 54 49 02
Télécopieur: (1) 43 54 39 15
Courriel: dnm@librairieduquebec.fr

Sommaire

INTRODUCTION

Ce n'est plus une nouveauté pour personne. Le Nord-Américain moyen mange beaucoup trop de viande. C'est un problème pour la santé humaine, car la viande contient du gras saturé qui bouche les artères. C'est aussi un problème environnemental, car l'élevage du bétail exige énormément de ressources et rejette beaucoup de polluants. Toutefois, si nous pouvons éviter de consommer de la viande, nous ne pouvons pas nous passer de protéines.

Comment faire quand on sait que les protéines se retrouvent surtout dans la viande? Il faut intégrer d'autres aliments riches en protéines dans notre alimentation. Les légumineuses en sont une excellente source. Elles gagnent à être connues, car elles sont délicieuses, faciles à cuisiner et peu coûteuses.

L'une de ces légumineuses, c'est le soya, que l'on retrouve souvent sous forme de tofu. Il n'est pas question ici de cuisiner le tofu. Pour cela, d'autres livres de recettes existent. J'ai voulu préparer ce petit livre avec l'ingrédient de base, la graine de soya. Vous verrez: il y a beaucoup de choses qu'on peut faire avec cette toute petite bille, qui contient deux fois plus de protéines, par exemple, que les pois chiches!

J'aimerais aussi préciser que ce livre n'est pas un recueil de recettes végétariennes. On peut manger des légumineuses sans être végétarien, et on peut même préparer ses repas traditionnels, comme un pâté chinois, en remplaçant une partie de la viande par des graines de soya. On obtient ainsi un repas savoureux qui ne dépaysera personne, mais qui sera moins gras mais riche en protéines. L'idée, ici, consiste à s'initier aux légumineuses et au soya en particulier. N'ayez aucune crainte: c'est délicieux!

QUELQUES PRÉCISIONS

Éclaircissons d'abord un point: le soya et le soja, c'est la même chose! Les francophones d'Amérique du Nord ont tendance, à cause de l'influence de l'anglais «soy» (mot emprunté à la langue japonaise), à utiliser le terme «soya». «Soja», lui, vient de l'allemand et est davantage utilisé en Europe.

Le soya provient d'une plante qui produit des gousses légèrement courbes et recouvertes d'un doux duvet verdâtre ou brun jaunâtre. Chaque gousse contient de deux à cinq graines très dures, mesurant de 6 à 11 mm de long et de 5 à 8 mm de large. Chose unique, les graines de soya permettent de créer une sorte de lait (qui n'a rien du lait à proprement parler, sinon l'apparence). On peut les consommer sous forme de noix rôties ou de farine, on les laisse fermenter pour fabriquer du miso ou du tempeh, et elles sont comestibles fraîches ou germées. On les utilise aussi sous forme de protéines texturées afin de remplacer la viande, et on en tire également une huile comestible de bonne qualité.

Enfin, on parle parfois de «germes de soya» pour désigner des haricots mungo germés. Je les ai inscrits dans le tableau de la valeur nutritionnelle que vous trouverez juste après ceci, même si ces haricots n'ont en fait rien à voir avec le soya. Par contre, vous pouvez très bien en ajouter à plusieurs de vos assiettes, car les haricots germés représentent un excellent légume d'accompagnement. Ajoutez-en, crus, dans vos salades: comme les haricots germés sont une source intéressante de protéines, vos verdures vous permettront de tenir le coup plus longtemps sans ressentir la faim.

VALEUR NUTRITIONNELLE DU SOYA

Soya sec, bouilli (250 ml)
314 calories – 30 g de protéines
Bonne source de fer, de zinc, de calcium, de potassium et de vitamines du groupe B.

Pois chiches, bouillis (250 ml)
302 calories – 13 g de protéines
Les pois chiches sont inscrits par mesure de comparaison; il ne s'agit pas de soya.

Haricots germés, sautés (250 ml)
66 calories – 6 g de protéines
Bonne source de fer et de vitamine C.

Sauce soya (15 ml)
12 calories – 2 g de protéines

Sauce tamari (15 ml)
15 calories – 1 g de protéines
La sauce Tamari est un peu plus calorifique que la sauce soya, car elle contient un peu plus de glucides (sucre).

Huile de soya (15 ml)
511 calories
L'huile de soya ressemble à l'huile de maïs: ses gras sont surtout mono et polyinsaturés (bons gras), mais ces deux huiles sont aussi celles qui contiennent le plus de gras saturés après l'huile d'arachide.

Lait de soya (250 ml)
84 calories – 7 g de protéines
Les boissons de soya nature se comparent au lait de vache pour ce qui est de leur contenu en protéines, mais elles contiennent seulement 65 % des calories d'un lait à 2 % de matières grasses.

Tofu ferme (80 g)
116 calories – 13 g de protéines
Excellente source d'oligoéléments (fer, zinc),

le tofu contient plus de protéines quand il est ferme; le tofu soyeux contiendra moins de la moitié des protéines du tofu ferme.

Notez que les dérivés du soya, comme le miso et le tempeh, ne sont pas inscrits ici, car il s'agit d'aliments transformés, et leur valeur nutritive varie selon le fabricant. Tous représentent néanmoins d'excellentes sources de protéines.

LA BASE

On peut consommer les graines de soya de diverses façons. Les plus courantes chez nous sont les graines entières, les graines intégrées à d'autres recettes ou transformées en boisson, en farine ou en tofu. La transformation en tofu se fait en plusieurs étapes, chacune de ces étapes donnant un produit fini: graines trempées (prêtes pour des amuse-gueule), boisson et farine (séparation des parties liquide et solide des graines trempées passées au mélangeur). On peut aussi laisser les graines fermenter, ce qui nous donnera du miso et du tempeh.

ÉQUIVALENCES

450 g (1 lb) de soya sec donne 625 ml (2 ½ tasses) une fois trempé.

Chaque tasse de soya sec, une fois la légumineuse trempée pendant 12 heures, donne de 625 à 750 ml (de 2 ½ à 3 tasses) de graines de soya tendres.

LE TREMPAGE

Faire tremper une part de graines de soya dans trois parts d'eau froide. Laisser tremper toute une nuit, soit environ 12 heures. Les graines de soya trempées servent dans des recettes où elles seront ensuite soumises à une cuisson.

Une fois le trempage terminé, faire bouillir pendant environ 30 minutes. Saler à mi-cuisson. Les graines de soya bouillies et tendres servent notamment dans des salades, ou alors dans toute recette qui ne nécessite pas un minimum de 30 minutes de cuisson.

RECETTE DE TOFU MAISON

750 ml (3 tasses) de graines de soya trempées 12 heures
625 ml (2 ½ tasses) d'eau
1,25 litre (5 tasses) d'eau
7,5 ml (½ c. à thé) de nigari

Verser le soya dans 675 ml d'eau. Passer le tout au mélangeur (en trois ou quatre parts égales) pendant environ 30 secondes. Réserver. Dans un grand chaudron, porter 1,25 litre d'eau à ébullition et y verser la purée de soya. Remuer et porter à nouveau à ébullition. Stopper immédiatement la cuisson. Déposer un coton à fromage dans un tamis. Placer le tamis au-dessus d'un grand bol propre et filtrer le soya. Presser le soya restant dans le tamis pour en extraire le plus de liquide possible (à ce stade-ci, la semoule de soya extraite dans le coton à fromage peut être séchée au four). Verser le lait de soya dans un chaudron et porter à ébullition. Baisser le feu et laisser mijoter cinq minutes. Incorporer le coagulant (nigari, etc). Couvrir et laisser figer environ dix minutes et retirer le caillé. Utiliser une petite boîte à fond troué, placer un coton à fromage au fond et y verser le caillé. Couvrir le caillé et déposer un poids sur le dessus, de façon à faire sortir le liquide. Après 20 minutes, placer le caillé dans un bol et le recouvrir d'eau fraîche.

Une fois bien figé, le caillé devient du tofu qu'on peut couper en cubes et utiliser dans toutes sortes de recettes. Le tofu se conserve pendant dix jours si on change son eau tous les jours. La semoule séchée au four peut aussi remplacer une partie de la farine dans plusieurs recettes.

SOYA: DE BONS AMUSE-GUEULE

Les graines de soya sont très riches en protéines. Quand on en mange, on peut donc retarder le moment où l'on ressentira à nouveau la faim. Comme elles sont pauvres en sucre, on peut en faire d'excellents amuse-gueule maison, beaucoup moins riches en calories et en sel que les produits commerciaux du même genre.

«Noix» de soya

750 ml (3 tasses) de graines de soya trempées 12 heures

Huile d'olive

Sel

Enlever le surplus d'eau des graines de soya à l'aide d'une serviette propre. Huiler une tôle à biscuits et étaler les graines de soya en une couche. Mettre au four et cuire à 180 °C (350 °F) pendant environ 50 minutes. Toutes les dix minutes, vérifier l'état de la cuisson en retournant les graines afin d'obtenir une couleur uniforme. Saler à dix minutes de la fin et rectifier l'assaisonnement au besoin après la cuisson.

Mélange «party»

- 250 ml (1 tasse) de «noix» de soya
- 750 ml (3 tasses) de céréales de type Shreddies
- 500 ml (2 tasses) de petits bretzels
- 45 ml (3 c. à soupe) d'huile d'olive peu parfumée
- 15 ml (1 c. à soupe) de sauce Worcestershire
- 15 ml (1 c. à soupe) de poivre de Cayenne
- Sel

Dans un grand bol ou un sac refermable, mélanger le soya, les céréales et les bretzels. Dans un petit bol, battre ensemble l'huile, la sauce Worcestershire, le poivre de Cayenne et le sel. Verser sur le mélange de soya, brasser et étendre sur une plaque allant au four. Cuire à 180 °C (350 °F) pendant environ 15 minutes ou jusqu'à ce que le tout soit doré et croquant.

DU SOYA À BOIRE

Habituellement, on utilise du tofu soyeux pour se concocter des boissons fraîches, onctueuses et nutritives. Mais le lait de soya peut aussi très bien faire l'affaire!

«Smoothie» de lait de soya

1 banane congelée

250 ml (1 tasse) de fraises congelées

750 ml (3 tasses) de lait de soya

Faire congeler une banane pendant au moins 1 heure. Couper les fruits. Verser dans un mélangeur avec le lait de soya. Actionner le mélangeur jusqu'à l'obtention d'une consistance onctueuse.

Donne 4 portions.

Soya fouetté aux bananes

- 3 bananes
- 500 ml (2 tasses) de lait de soya
- 60 ml (1/4 de tasse) de tofu soyeux
- 1 douzaine de petits cubes de glace
- 45 ml (3 c. à soupe) de miel ou de sirop d'érable

Battre tous les ingrédients au mélangeur à vitesse rapide. Servir immédiatement.

Donne 4 verres.

Déjeuner express

- 250 ml (1 tasse) de yogourt nature
- 125 ml (1/2 tasse) de gruau d'avoine
- 2 bananes
- 500 ml (2 tasses) de lait de soya
- 5 ml (1 c. à thé) d'extrait de vanille
- 15 ml (1 c. à soupe) de miel
- 5 ml (1 c. à thé) de muscade
- 3 ou 4 petits cubes de glace

Verser le yogourt dans un petit bol et y incorporer le gruau. Laisser reposer 10 à 15 minutes.

Au mélangeur, battre tous les ingrédients ensemble jusqu'à l'obtention d'une texture homogène. Consommer immédiatement.

Donne 2 portions.

Lait de coco au soya

180 ml (3/4 de tasse) de graines de soya trempées 12 heures
250 ml (1 tasse) d'eau
15 ml (1 c. à soupe) de farine
15 ml (1 c. à soupe) d'eau
45 ml (3 c. à soupe) de sucre granulé
180 ml (3/4 de tasse) de tapioca non cuit
180 ml (3/4 de tasse) de lait de coco

Égoutter les graines de soya. Les verser dans un chaudron avec 250 ml d'eau. Porter à ébullition. Mélanger la farine et 15 ml d'eau, puis l'ajouter au soya bouillant. Réduire le feu et laisser mijoter 20 minutes en remuant souvent. Retirer du feu et incorporer le sucre. Cuire le tapioca dans un autre chaudron d'eau bouillante. Égoutter,

⟶

passer à l'eau froide et réserver. Dans quatre verres, séparer le mélange de soya. Ajouter le tapioca. Verser le lait de coco et réfrigérer une heure avant de servir.

Donne 4 portions.

Boisson pétillante aux fruits

250 ml (1 tasse) de lait de soya à la vanille
250 ml (1 tasse) de jus d'orange sans pulpe
500 ml (2 tasses) d'eau gazeuse à saveur de fruits, au choix (pêche, baies diverses, melon, etc.)

Verser le lait de soya et le jus d'orange dans un mélangeur. Fouetter jusqu'à l'obtention d'un mélange homogène. Verser l'eau gazeuse dans de grands verres. Doucement, ajouter le mélange de lait de soya.

Donne 4 portions.

DES SOUPES ET DES ENTRÉES SANTÉ SAUTÉES!

Entrées et accompagnements n'auront jamais été aussi délicieux et sains! De plus, avec du soya, vous leur ajoutez des protéines qui vous aideront à diminuer vos portions, donc à consommer moins de calories. Ce n'est pas un régime, c'est simplement une façon de s'alimenter qui respecte mieux nos véritables besoins.

Taboulé spécial

180 ml (3/4 de tasse) de couscous

250 ml (1 tasse) d'eau bouillante

15 ml (1 c. à soupe) de beurre

250 ml (1 tasse) de graines de soya bouillies, tendres

2 tomates en dés

1 échalote émincée

2 gousses d'ail émincées

500 ml (2 tasses) de persil frais haché

→

45 ml (3 c. à soupe) d'huile d'olive
45 ml (3 c. à soupe) de jus de citron
Sel et poivre

Verser l'eau sur le couscous, mélanger et couvrir. Laisser gonfler 5 minutes, puis incorporer le beurre. Déposer tous les ingrédients dans un saladier et mélanger. Réfrigérer. Servir frais.

Bouchées au thon

500 ml (2 tasses) de graines de soya bouillies, tendres
1 petit oignon émincé
5 ml (1 c. à thé) de moutarde de Dijon
30 ml (2 c. à soupe) de vinaigre de vin blanc
45 ml (3 c. à soupe) d'huile d'olive
8 olives vertes hachées
120 g (1 boîte de 4 oz) de thon pâle en flocons, égoutté
10 ml (2 c. à thé) de ciboulette hachée
10 ml (2 c. à thé) de basilic séché
Sel et poivre
3 endives effeuillées

Dans un bol, mélanger les graines de soya, l'oignon, la moutarde, le vinaigre de vin blanc et l'huile d'olive. Laisser mariner au moins 2 heures. Ajouter les olives, le thon, la ciboulette et le basilic. Assaisonner au goût. Bien mélanger. Disposer les feuilles d'endives dans une assiette et remplir la partie solide de chacune d'elles de mélange au thon. (Vous pouvez présenter le mélange au thon dans un plat de service et les feuilles d'endives à part afin de laisser vos invités confectionner eux-mêmes leurs bouchées.)

Velouté de courgettes

- 30 ml (2 c. à soupe) d'huile de sésame
- 1 poireau émincé
- 3 courgettes en cubes
- 250 ml (1 tasse) de lait de soya
- 15 ml (1 c. à soupe) de sauce soya
- 45 ml (3 c. à soupe) de crème sûre
- 30 ml (2 c. à soupe) de graines de sésame

Dans une petite casserole, chauffer doucement l'huile de sésame et faire suer le

→

poireau. Ajouter les courgettes. Laisser mijoter 10 minutes. Verser le lait de soya. Laisser chauffer 1 minute. Ajouter la sauce soya et la crème sûre. Réduire en purée avec un mélangeur à main ou verser dans un mélangeur. Servir en saupoudrant chaque portion de graines de sésame.

Donne 4 portions.

Pavé de soya

- 250 ml (1 tasse) de graines de soya bouillies, tendres
- 125 ml (1/2 tasse) de pois chiches
- 60 ml (1/4 tasse) de graines de tournesol non grillées, non salées
- 125 ml (1/2 tasse) de gruau d'avoine
- 5 ml (1 c. à thé) de sauce tamari
- 1 petit oignon émincé
- 1 gousse d'ail émincée
- 125 ml (1/2 tasse) de chapelure de blé entier
- 15 ml (1 c. à soupe) d'huile d'olive
- 180 ml (3/4 tasse) de bouillon de légumes
- 10 ml (2 c. à thé) de sauce tamari
- Sel et poivre

Réduire en purée les graines de soya, les pois chiches et les graines de tournesol au mélangeur. Verser dans un grand bol et incorporer le gruau, 5 ml de sauce tamari, l'oignon et l'ail. Mouiller légèrement avec un peu de bouillon de légumes au besoin et façonner des galettes. Enrober de chapelure. Dans une poêle, chauffer l'huile et y faire rôtir les galettes 2 minutes de chaque côté. Ajouter le reste du bouillon et de sauce tamari et poursuivre la cuisson pendant 5 minutes. Assaisonner. Servir chaud avec une salade.

Donne 4 portions.

Soupe au miso

1 oignon en dés
80 ml (1/3 de tasse) de carottes en dés
125 ml (1/2 tasse) de chou frisé haché
15 ml (1 c. à soupe) d'huile d'olive
20 ml (4 c. à thé) de miso
10 ml (2 c. à thé) de beurre de sésame (tahini)
1 litre (4 tasses) d'eau
250 ml (1 tasse) de haricots mungo germés

→

Dans un chaudron, chauffer l'huile et y faire revenir l'oignon, les carottes et le chou durant cinq minutes à feu moyen. Ajouter le miso, le tahini et l'eau. Amener à ébullition. Réduire la chaleur et laisser mijoter 20 minutes. Déposer les haricots mungo dans des bols et y verser la soupe chaude. Servir.

Donne 4 portions.

Gratin d'automne

Cette recette donne 4 portions-repas. Pour une entrée pour 4 personnes, réduire les quantités de moitié.

- 1 grosse pomme de terre en dés
- 250 ml (1 tasse) de chair de citrouille en dés
- ½ oignon blanc en fines tranches
- 2 œufs
- 15 ml (1 c. à soupe) de farine
- 180 ml (¾ de tasse) de lait de soya
- 2,5 ml (½ c. à thé) de noix de muscade moulue
- Sel et poivre
- 250 ml (1 tasse) de gruyère râpé

Cuire les dés de pomme de terre et de citrouille à l'eau bouillante pendant 15 minutes. Égoutter et verser dans un plat à gratin. Arroser d'huile, ajouter l'oignon et mélanger. Dans un bol, battre les œufs et y incorporer la farine, le lait de soya et la muscade. Assaisonner au goût. Verser ce mélange sur les dés de pommes de terre et de citrouille. Répartir le fromage et griller au four.

Donne 4 portions-repas ou 8 entrées.

Houmous au miso

- 250 ml (1 tasse) de pois chiches cuits
- 30 ml (2 c. à soupe) de beurre de sésame (tahini)
- 1 gousse d'ail émincée
- 1 citron (jus)
- 30 ml (2 c. à soupe) de miso
- 15 ml (1 c. à soupe) d'huile de sésame
- 15 ml (1 c. à soupe) d'huile d'olive
- 1 ml (1/4 de c. à thé) de paprika
- 2,5 ml (1/2 c. à thé) de curcuma
- Poivre

→

Au mélangeur, battre les pois chiches avec le beurre de sésame, l'ail, le jus de citron, le miso et l'huile. Assaisonner et rectifier l'onctuosité en ajoutant au besoin de l'huile d'olive.

Mousse au saumon

- 1 boîte de 213 g (environ 8 oz) de saumon rose
- 250 ml (1 tasse) de fromage à la crème légèrement ramolli
- 125 ml (1/2 tasse) de graines de soya bouillies, tendres
- 1 goutte de Tabasco
- Sel et poivre

Égoutter le saumon. Enlever les arêtes et la peau restantes. Mettre tous les ingrédients dans un mélangeur et actionner jusqu'à l'obtention d'une crème onctueuse. Réfrigérer une heure avant de servir avec des craquelins, des légumes, des feuilles d'endives et des mini pains pitas coupés en deux.

Croquettes de légumineuses

- 250 ml (1 tasse) de pommes de terre en dés
- 250 ml (1 tasse) de pois chiches cuits
- 250 ml (1 tasse) de graines de soya bouillies, tendres
- 125 ml (½ tasse) d'oignon émincé
- 1 gousse d'ail
- 1 œuf battu
- 5 ml (1 c. à thé) de ciboulette hachée
- 1 ml (¼ de c. à thé) de muscade
- 1 ml (¼ de c. à thé) de clou de girofle
- Sel et poivre
- 250 ml (1 tasse) de chapelure
- 30 ml (2 c. à soupe) d'huile d'olive
- Sauce tzatziki (yogourt avec concombres et ail)

Faire bouillir les pommes de terre pendant 12 minutes. Égoutter et réserver. Préchauffer le four à 190 °C (375 °F). Au mélangeur, réduire en purée les pois chiches, les pommes de terre, l'oignon et l'ail. Incorporer l'œuf, la ciboulette, la muscade et le clou de girofle. Assaisonner au goût. Avec la pâte, façonner 16 petites boulettes légèrement aplaties et les enrober de chapelure.

→

Chauffer l'huile dans une grande poêle et y faire dorer les croquettes. Terminer la cuisson au four pendant 10 minutes. Servir chaud avec de la sauve tzatziki.

Donne 4 portions.

Velouté de poireaux

30 ml (2 c. à soupe) d'huile d'olive
3 poireaux émincés
1 oignon émincé
2 gousses d'ail émincées
3 pommes de terre en dés
2 branches de céleri en dés
2,5 ml (1/2 c. à thé) de cerfeuil séché
2,5 ml (1/2 c. à thé) de marjolaine séchée
Poivre
425 ml (1 3/4 tasse) d'eau
250 ml (1 tasse) de lait de soya nature
45 ml (3 c. à soupe) de miso
60 ml (1/4 de tasse) d'eau chaude
30 ml (2 c. à soupe) de ciboulette hachée

Dans un chaudron, chauffer l'huile à feu moyen et y faire revenir les poireaux, l'oignon et l'ail. Ajouter les pommes de terre et le céleri. Assaisonner et ajouter l'eau. Couvrir et laisser mijoter pendant 25 minutes. Réduire en purée à l'aide d'un mélangeur à main. Incorporer le lait de soya en remuant. Diluer le miso dans 60 ml d'eau chaude et verser dans la soupe. Garnir de ciboulette hachée.

Donne 4 portions.

Soupe asiatique

- 1 litre (4 tasses) d'eau
- 45 ml (3 c. à soupe) de miso
- 15 ml (1 c. à soupe) de gingembre frais haché finement
- 1 clou de girofle entier
- 1 oignon émincé
- 2 carottes en dés
- 1 branche de céleri en dés
- 250 ml (1 tasse) de blanc de poulet en fines lanières
- 375 ml (1 ½ tasse) de nouilles de riz sèches
- 2,5 ml (½ c. à thé) de muscade
- 250 ml (1 tasse) de haricots mungo germés
- 125 ml (½ tasse) de coriandre fraîche hachée

→

Dans un chaudron, porter l'eau à ébullition et ajouter le miso, le gingembre, le clou de girofle et l'oignon émincé. Réduire le feu et cuire pendant 15 minutes. Ajouter les carottes et le céleri et poursuivre la cuisson environ 5 minutes. Ajouter le poulet, les nouilles et la muscade. Laisser mijoter 10 minutes, le temps que le poulet cuise. Déposer les haricots mungo germés au fond des bols et verser la soupe chaude. Garnir de coriandre.

Donne 4 portions.

Soupe au soya et aux pâtes

15 ml (1 c. à soupe) d'huile d'olive

1 oignon émincé

1 gousse d'ail émincée

1 branche de céleri en dés

500 ml (2 tasses) de bouillon de poulet

1 carotte en dés

375 ml (1 ½ tasse) de tomates en dés

250 ml (1 tasse) de graines de soya trempées 12 heures

180 ml (¾ de tasse) de pâtes non cuites (macaronis, pennes ou fusillis)

1 courgette en dés
250 ml (1 tasse) d'épinards frais hachés
15 ml (1 c. à soupe) de basilic séché
30 ml (2 c. à soupe) de persil frais haché
5 ml (1 c. à thé) d'origan séché
Sel et poivre
30 ml (2 c. à soupe) de fromage parmesan râpé

Dans un grand chaudron, chauffer l'huile et y dorer l'oignon et l'ail. Ajouter le céleri. Poursuivre la cuisson 1 minute, puis verser le bouillon de poulet, les dés de carotte et les tomates. Porter à ébullition et y plonger le soya. Laisser mijoter 30 minutes. Ajouter les pâtes et la courgette. Laisser mijoter 8 minutes. Incorporer les épinards, le basilic, le persil et l'origan. Saler et poivrer. Attendre que les épinards soient à point et servir. Saupoudrer chaque bol de fromage parmesan.

Donne 4 portions.

Risotto d'orge

- 10 ml (2 c. à thé) de beurre
- 250 ml (1 tasse) de champignons hachés
- 60 ml (1/4 de tasse) d'oignon haché
- 125 ml (1/2 tasse) d'orge mondé
- 125 ml (1/2 tasse) de graines de soya trempées 12 heures
- 375 ml (1 1/2 tasse) de bouillon de poulet
- 125 ml (1/2 tasse) de cheddar fort râpé
- 30 ml (2 c. à soupe) de persil frais haché

Dans un chaudron moyen, faire fondre le beurre et y faire tomber les champignons et les morceaux d'oignon. Ajouter l'orge, le soya et le bouillon. Couvrir et laisser mijoter pendant 30 minutes. Incorporer le cheddar et mélanger pour lier. Servir et garnir chaque assiette de persil.

Donne 4 portions.

Salade de soya aux épinards

- 15 ml (1 c. à soupe) d'huile d'olive
- 1 gousse d'ail émincée
- 375 ml (1 ½ tasse) de graines de soya bouillies, tendres
- 60 ml (¼ de tasse) de bouillon de poulet
- 2,5 ml (½ c. à thé) de romarin séché
- 500 ml (2 tasses) d'épinards frais hachés
- 15 ml (1 c. à soupe) d'huile d'olive
- 5 ml (1 c. à thé) de vinaigre balsamique
- Sel et poivre
- 30 ml (2 c. à soupe) de fromage parmesan râpé

Dans un chaudron, chauffer 15 ml d'huile et y dorer l'ail. Ajouter les graines de soya, le bouillon de poulet et le romarin. Sans couvrir, laisser mijoter à feu doux pendant 10 minutes. Réserver. Déposer les épinards dans un saladier. Préparer une vinaigrette avec 15 ml d'huile, le vinaigre, le sel et le poivre. Mélanger aux épinards. Répartir les épinards dans 4 assiettes. Déposer le mélange de soya sur les épinards et saupoudrer de parmesan.

Donne 4 portions.

Flageolets et graines de soya à la méditerranéenne

- 30 ml (2 c. à soupe) d'huile d'olive
- 1 oignon haché
- 125 ml (½ tasse) de vin blanc sec
- 3 grosses tomates pelées, épépinées, hachées
- 125 ml (½ tasse) d'olives noires en rondelles
- 45 ml (3 c. à soupe) de persil frais haché
- 250 ml (1 tasse) de flageolets trempés 12 heures
- 250 ml (1 tasse) de graines de soya trempées 12 heures
- Sel et poivre

Chauffer l'huile dans une grande poêle et y faire revenir l'oignon. Ajouter le vin, les tomates, les olives et le persil. Assaisonner et éteindre le feu. Incorporer les flageolets et le soya. Couvrir et laisser mijoter pendant 30 minutes. Servir chaud.

Donne 4 portions.

Potage au quinoa

- 1 oignon en dés
- 30 ml (2 c. à soupe) d'huile d'olive
- 1 navet en dés
- 1 branche de céleri en dés
- 250 ml (1 tasse) de maïs en grains
- 1 feuille de laurier
- 45 ml (3 c. à soupe) de grains de quinoa
- 125 ml (1/2 tasse) de lait de soya nature
- Sel et poivre
- 1 ml (1/4 de c. à thé) de paprika

Dans un chaudron, faire revenir l'oignon dans l'huile. Faire suer le navet, le céleri et le maïs. Couvrir d'eau et y jeter une feuille de laurier. Laisser mijoter pendant 20 minutes. Verser le quinoa et le lait de soya. Poursuivre la cuisson pendant 10 minutes. À l'aide d'un mélangeur à main, réduire la soupe en purée. Assaisonner au besoin.

Donne 4 portions.

Chaudrée de saumon

- 30 ml (2 c. à soupe) d'huile végétale
- 1 oignon haché
- 2 gousses d'ail écrasées
- 1 branche de céleri en dés
- 125 ml (½ tasse) de haricots verts en morceaux
- 125 ml (½ tasse) de maïs en grains
- 1 pomme de terre en cubes
- 375 ml (1 ½ tasse) de fumet de poisson
- 375 ml (1 ½ tasse) de lait de soya nature
- 225 g (½ lb) de saumon frais, en cubes
- Sel et poivre
- 60 ml (¼ de tasse) de crème sûre
- Brins d'aneth frais

Dans un grand chaudron, chauffer l'huile et y faire revenir l'oignon et l'ail. Ajouter le céleri, les haricots verts, le maïs et les cubes de pomme de terre. Faire suer 5 minutes. Ajouter le fumet de poisson, le lait de soya et la sauce tomate. Porter à ébullition et ajouter le saumon. Baisser le feu et laisser mijoter 5 minutes. Assaisonner, verser dans des bols et, dans chacun d'eux, déposer 15 ml de crème sûre et saupoudrer de brins d'aneth.

Donne 4 portions.

Soya tendre à l'ail

30 ml (2 c. à soupe) d'huile d'olive
4 gousses d'ail émincées
500 ml (2 tasses) de graines de soya bouillies, tendres
1 feuille de laurier
5 ml (1 c. à thé) de thym séché
15 ml (1 c. à soupe) de basilic séché
125 ml (½ tasse) de vin blanc sec
250 ml (1 tasse) de bouillon de poulet
Sel et poivre
30 ml (2 c. à soupe) de persil frais haché

Dans un chaudron, verser l'huile et y faire revenir l'ail à feu moyen. Verser les graines de soya, les herbes séchées, le vin et le bouillon. Cuire à découvert pendant 90 minutes ou jusqu'à ce que le liquide soit presque complètement absorbé. Assaisonner et garnir de persil pour servir.

Donne 4 portions.

Soya à la provençale

- 15 ml (1 c. à soupe) d'huile d'olive
- 1 oignon haché
- 2 gousses d'ail émincées
- 250 ml (1 tasses) de tomates en dés, égouttées
- 15 ml (1 c. à soupe) de pâte de tomate
- 10 ml (2 c. à thé) de basilic frais haché
- Sel et poivre
- 250 ml (1 tasse) de graines de soya bouillies, tendres
- 125 ml (½ tasse) de vin blanc sec

Dans une grande poêle, chauffer l'huile à feu moyen et y faire revenir l'oignon et l'ail. Ajouter les tomates et la pâte de tomate. Assaisonner. Verser le soya et le vin, et laisser mijoter à découvert pendant 30 minutes ou jusqu'à ce que le liquide soit presque complètement absorbé.

Donne 4 portions.

Velouté de courge poivrée

- 30 ml (2 c. à soupe) d'huile d'olive
- 1 oignon haché
- 750 ml (3 tasses) de chair de courge poivrée en dés
- 1 pomme de terre en dés
- 1 pomme pelée, en dés
- 500 ml (2 tasses) de bouillon de légumes
- 375 ml (1 ½ tasse) de lait de soya nature
- 1 ml (¼ de c. à thé) de muscade
- 1 ml (¼ de c. à thé) de poivre de Cayenne
- Sel et poivre

Dans un grand chaudron, chauffer l'huile à feu moyen. Y faire cuire l'oignon avec les morceaux de courge, de pomme de terre et de pomme pendant environ 8 à 10 minutes. Verser le bouillon de légumes et le lait de soya. Ajouter la muscade et le poivre de Cayenne. Assaisonner au goût. Porter à ébullition, réduire le feu et laisser mijoter à feu doux 20 minutes. Réduire le potage en purée à l'aide d'un mélangeur à main.

Donne 4 portions.

Soupe indienne

30 ml (2 c. à soupe) de beurre
2 gousses d'ail émincées
1 oignon en dés
7,5 ml (½ c. à soupe) de curcuma
15 ml (1 c. à soupe) de garam masala (mélange de cardamome, de clou de girofle et de cannelle)
2,5 ml (½ c. à thé) de poudre de chili
15 ml (1 c. à soupe) de cumin moulu
750 ml (3 tasses) de tomates en dés, égouttées
125 ml (½ tasse) de lentilles rouges
125 ml (½ tasse) de graines de soya trempées 12 heures
1 citron (jus)
625 ml (2 ½ tasses) de bouillon de légumes
375 ml (1 ½ tasse) de lait de coco
Sel et poivre
Coriandre fraîche hachée

Dans un grand chaudron, faire fondre le beurre et y faire revenir l'ail et l'oignon. Ajouter le curcuma, le garam masala et le chili, cuire pendant une minute. Verser les tomates, les lentilles, les graines de soya, le jus de citron et le lait de coco. Porter à ébullition. Réduire le feu et laisser mijoter, sans couvrir, pendant 30 minutes ou jusqu'à ce que les lentilles et les graines de soya soient bien tendres. Assaisonner. Verser dans des bols de service et garnir de coriandre.

Donne 4 portions.

Mini-pitas de légumineuses

250 ml (1 tasse) de lentilles vertes bouillies, tendres
500 ml (2 tasses) de graines de soya bouillies, tendres
125 ml (½ tasse) de raisins secs
125 ml (½ tasse) d'abricots secs hachés
125 ml (½ tasse) de carottes en dés fins
125 ml (½ tasse) de noix de Grenoble hachées
45 ml (3 c. à soupe) de mayonnaise
125 ml (½ tasse) de yogourt nature
80 ml (⅓ de tasse) de crème sûre
250 ml (1 tasse) de fromage cottage
1 citron (jus)
Sel et poivre
2 douzaines de mini-pains pitas coupés en deux

Dans un bol, mélanger tous les ingrédients. Réfrigérer 30 minutes. Garnir chaque demi-pita du mélange.

Soupe au soya et aux épinards

- 15 ml (1 c. à soupe) d'huile d'olive
- 1 petit oignon haché
- 2 gousses d'ail émincées
- 2 grosses pommes de terre en dés
- 15 ml (1 c. à soupe) de cumin moulu
- 15 ml (1 c. à soupe) de coriandre moulue
- 625 ml (2 ½ tasses) de bouillon de légumes
- 250 ml (1 tasse) de graines de soya bouillies, tendres
- 15 ml (1 c. à soupe) de beurre de sésame (tahini)
- 80 ml (⅓ de tasse) de crème 10 %
- 2,5 ml (½ c. à thé) de poivre de Cayenne
- 250 ml (1 tasse) d'épinards grossièrement hachés
- Sel et poivre

Dans un grand chaudron, chauffer l'huile et y faire revenir l'oignon et l'ail. Ajouter les pommes de terre, le cumin et la coriandre. Verser le bouillon et les graines de soya. Porter à ébullition. Baisser le feu, laisser mijoter 10 minutes. Dans un petit bol, délayer le beurre de sésame dans la crème. Incorporer à la soupe, avec le poivre de Cayenne. Ajouter les épinards et laisser mijoter 3 minutes. Assaisonner. Donne 4 portions.

DES REPAS À VALEUR PROTÉINIQUE AJOUTÉE

Dans cette section, je vous propose d'ajouter un peu de soya à des plats bien connus afin d'augmenter leur valeur en protéines. Ainsi, vous n'aurez plus faim quelques minutes seulement après avoir terminé de manger!

Soupe repas minestrone

60 ml (1/4 de tasse) de lardons
1 oignon haché
2 gousses d'ail émincées
1 pomme de terre en dés
1 courgette en dés
2 tomates pelées, épépinées et hachées
60 ml (1/4 de tasse) de riz à grains longs
750 ml (3 tasses) de bouillon de poulet
500 ml (2 tasses) de graines de soya trempées 12 heures
375 ml (1 1/2 tasse) de chou tranché finement
Sel et poivre

30 ml (2 c. à soupe) de basilic frais haché
45 ml (3 c. à soupe) de fromage parmesan râpé

Dans une poêle, dorer les lardons à feu moyen. Ajouter l'oignon, l'ail et les pommes de terre. Cuire 5 minutes. Incorporer la courgette, les tomates et le riz. Verser le bouillon et porter à ébullition. Baisser le feu et ajouter les graines de soya, le chou et le basilic. Assaisonner. Laisser mijoter de 45 minutes à 1 heure. Au moment de servir, garnir de basilic frais haché et de parmesan.

Donne 4 portions.

Salade-repas de pâtes

1 litre (4 tasses) de fusillis colorés, cuits
125 ml (1/2 tasse) d'olives noires en rondelles
160 ml (2/3 de tasse) de graines de soya bouillies, tendres
1 tomate en dés
1 avocat en dés
125 ml (1/2 tasse) de fromage Jarlsberg en dés
45 ml (3 c. à soupe) d'huile d'olive
15 ml (1 c. à soupe) de vinaigre balsamique

5 ml (1 c. à thé) de moutarde de Dijon
15 ml (1 c. à soupe) de persil séché
Sel et poivre

Mettre les pâtes, les olives, le soya, la tomate, l'avocat et le fromage dans un saladier. Dans un petit contenant, mélanger vigoureusement l'huile, le vinaigre et la moutarde. Ajouter au mélange de pâtes. Saupoudrer de persil, saler, poivrer et mélanger les ingrédients.

Donne 4 portions.

Chili végétarien

30 ml (2 c. à soupe) d'huile d'olive
2 oignons hachés
1 gousse d'ail émincée
1 poivron rouge en dés
375 ml (1 ½ tasse) de tomates en dés, dans leur jus
125 ml (½ tasse) de pâte de tomate
375 ml (1 ½ tasse) de graines de soya bouillies, tendres
375 ml (1 ½ tasse) de haricots rouges bouillis, tendres

250 ml (1 tasse) de maïs en grains
30 ml (2 c. à soupe) de poudre de chili
15 ml (1 c. à soupe) de cumin moulu
2,5 ml (½ c. à thé) de clou de girofle moulu
15 ml (1 c. à soupe) d'origan séché
Sel et poivre

Dans un chaudron, chauffer l'huile à feu moyen et y faire dorer les oignons, l'ail et le poivron. Ajouter les tomates et la pâte de tomate. Mélanger. Ajouter le soya, les haricots rouges, le maïs en grains, la poudre de chili, le cumin, le clou de girofle et l'origan. Couvrir et laisser mijoter à feu moyen-doux pendant 30 minutes. Ajouter quelques gouttes de liquide au besoin. Assaisonner et poursuivre la cuisson 5 minutes.

Donne 4 portions.

Sauce à spaghetti au soya

- 30 ml (2 c. à soupe) d'huile d'olive
- 2 oignons hachés
- 2 gousses d'ail écrasées
- 2 branches de céleri hachées
- 1 carotte en dés fins
- 125 ml (1/2 tasse) de lentilles rouges sèches
- 125 ml (1/2 tasse) de graines de soya trempées 12 heures
- 250 ml (1 tasses) de bouillon de bœuf
- 500 ml (2 tasses) de jus de tomate ou de légumes
- 250 ml (1 tasse) de vin rouge sec
- 1 feuille de laurier
- 160 ml (2/3 de tasse) de pâte de tomates
- 15 ml (1 c. à soupe) de persil frais haché
- 5 ml (1 c. à thé) d'origan séché
- Sel et poivre

Dans un grand chaudron, chauffer l'huile et y faire revenir les oignons, l'ail, le céleri et la carotte. Cuire 5 minutes. Ajouter les lentilles et les graines de soya, verser les liquides (bouillon de bœuf, jus de tomate ou de légumes et vin). Ajouter la feuille de laurier, mélanger, couvrir et laisser mijoter 45 minutes. Prendre 125 ml du liquide et y diluer la pâte de tomate. Incorporer à la sauce. Ajouter le persil, l'origan, le sel et le poivre. Couvrir et cuire à feu doux pendant 15 minutes. Rectifier l'assaisonnement. Servir chaud sur des pâtes.

Donne 4 portions.

Casserole hivernale

- 15 ml (1 c. à soupe) d'huile d'olive
- 1 oignon rouge émincé
- 3 gousses d'ail émincées
- 250 ml (1 tasse) d'épinards
- 1 bulbe de fenouil coupé en huit gros morceaux
- 1 poivron rouge en gros dés
- 15 ml (1 c. à soupe) de farine tout usage
- 500 ml (2 tasses) de bouillon de légumes
- 80 ml (1/3 de tasse) de vin blanc sec
- 375 ml (1 1/2 tasse) de graines de soya trempées 12 heures
- 1 feuille de laurier
- 5 ml (1 c. à thé) de coriandre moulue
- 2,5 ml (1/2 c. à thé) de paprika
- Sel et poivre

→

Dans une grande poêle, chauffer l'huile et faire revenir l'oignon et l'ail. Ajouter les épinards et cuire 2 minutes à feu moyen, en remuant constamment. Incorporer les morceaux de fenouil et de poivron rouge et cuire 5 minutes. Saupoudrer de farine, verser le bouillon de légumes, le vin blanc, les graines de soya, la feuille de laurier, la coriandre moulue et le paprika. Couvrir et laisser mijoter pendant 30 minutes. Assaisonner au goût et servir chaud.

Donne 4 portions.

Pâtes Alfredo au poulet et au lait de soya

- 60 ml (3 c. à soupe) d'huile végétale
- 1 gousse d'ail émincée
- 1 échalote grise émincée
- 30 ml (2 c. à soupe) de farine tout usage
- 500 ml (2 tasses) de lait de soya nature
- 30 ml (2 c. à soupe) d'huile d'olive
- 250 ml (1 tasse) de poulet non cuit, en lanières ou petits cubes
- 125 ml (1/2 tasse) de fromage parmesan râpé

1 ml (1/4 de c. à thé) de noix de muscade moulue

Sel et poivre

60 ml (1/4 de tasse) de ciboulette fraîche hachée finement

Pâtes pour 4 personnes cuites *al dente*

Dans une casserole, chauffer 30 ml d'huile et y faire revenir l'ail et l'échalote grise. Saupoudrer de farine. Mélanger, puis verser le lait de soya en fouettant. Porter à ébullition, réduire le feu et laisser mijoter 5 minutes. Entre-temps, faire cuire les lanières de poulet à feu moyen dans 30 ml d'huile. Réserver. Incorporer le fromage parmesan râpé et la muscade à la sauce. Fouetter et assaisonner. Dans des assiettes de service, déposer les pâtes *al dente*, garnir de quelques morceaux de poulet et napper de sauce. Garnir de ciboulette avant de servir.

Donne 4 portions.

Escalopes de veau panées

- 125 ml (1/2 tasse) de farine de soya
- 1 ml (1/4 de c. à thé) de paprika
- 5 ml (1 c. à thé) de persil frais, haché
- 2 gousses d'ail écrasées
- Poivre
- 2 œufs battus
- 250 ml (1 tasse) de chapelure
- 10 ml (2 c. à thé) de thym séché
- 4 escalopes de veau
- 30 ml (2 c. à soupe) d'huile d'olive
- 15 ml (1 c. à soupe) de beurre
- Sel

Dans un bol, mélanger la farine, le paprika, le persil, l'ail et le poivre. Dans un autre bol, battre les œufs. Dans un troisième bol, mélanger la chapelure et le thym. Plonger les escalopes dans les œufs, puis dans le mélange de farine. Plonger à nouveau les escalopes dans les œufs, puis enrober de chapelure. Dans une grande poêle, chauffer l'huile et le beurre et faire cuire les escalopes 2 minutes de chaque côté. Donne 4 portions.

Poulet sauté au soya

- 60 ml (1/4 de tasse) de sauce soya
- 15 ml (1 c. à soupe) de fécule de maïs
- 700 g (1 1/2 lb) de blanc de poulet, en cubes
- 45 ml (3 c. à soupe) d'huile d'olive
- 30 ml (2 c. à soupe) de sucre
- 250 ml (1 tasse) de graines de soya bouillies, tendres
- Sel et poivre

Mélanger la sauce soya avec la fécule de maïs. Y plonger le poulet. Laisser mariner 30 minutes. Verser l'huile dans une poêle et saisir le poulet mariné. Laisser dorer de chaque côté et ajouter le soya. Assaisonner. Servir sur du riz.

Donne 4 portions.

Risotto de courgettes

- 30 ml (2 c. à soupe) d'huile d'olive
- 1 oignon émincé
- 1 gousse d'ail émincée
- 2 courgettes en dés
- 250 ml (1 tasse) de riz collant arborio (riz blanc rond)
- 625 ml (2 ½ tasses) d'eau
- 15 ml (1 c. à soupe) de miso
- 30 ml (2 c. à soupe) de crème 35 %
- 15 ml (1 c. à soupe) de fromage parmesan râpé
- Sel et poivre

Dans un chaudron, chauffer l'huile et y faire revenir l'oignon et l'ail. Ajouter les courgettes et le riz. Cuire 5 minutes. Verser environ 250 ml d'eau et ajouter le miso. Laisser le riz absorber le liquide. Ajouter environ 250 ml d'eau, et ainsi de suite jusqu'à ce que le riz ait tout absorbé. Ajouter la crème et le parmesan. Assaisonner. Servir.

Donne 4 portions.

Pain aux deux viandes et demie

- 450 g (1 lb) de bœuf haché maigre
- 375 ml (1 ½ tasse) de graines de soya bouillies, tendres
- 225 g (½ lb) de veau haché maigre
- ½ oignon haché
- 1 branche de céleri en dés fins
- 2 œufs battus
- 125 ml (½ tasse) de jus de tomate
- 180 ml (¾ de tasse) de gruau d'avoine
- 2,5 ml (½ c. à thé) de sarriette
- 1 ml (¼ de c. à thé) de clou de girofle moulu
- Sel et poivre

Chauffer le four à 180 °C (350 °F). Dans un grand bol, déposer tous les ingrédients et pétrir avec les mains. Huiler légèrement un moule à pain de 23 cm de long (9 po). Verser la préparation et enfourner pendant 90 minutes.

Donne 8 portions.

Bol indien

- 2 pommes de terre en dés
- 180 ml (3/4 de tasse) de pois chiches bouillis, tendres
- 180 ml (3/4 de tasse) de graines de soya bouillies, tendres
- 1/2 oignon rouge émincé
- 30 ml (1 c. à soupe) de sauce soya
- 80 ml (1/3 de tasse) d'eau
- 15 ml (1 c. à soupe) de poivre de Cayenne
- 10 ml (2 c. à thé) de sucre
- 5 ml (1 c. à thé) de sel
- 1 petit piment fort haché finement
- 1 tomate en fines rondelles
- 45 ml (3 c. à soupe) de coriandre fraîche hachée
- Sel et poivre

Dans un chaudron d'eau, cuire les pommes de terre jusqu'à ce qu'elles soient tendres. Refroidir, puis incorporer les pois chiches, le soya et l'oignon. Dans un petit bol, mélanger la sauce soya, l'eau, le poivre de Cayenne, le sucre et le sel. Verser sur le mélange de soya. Garnir avec les morceaux de piments forts, les tranches de tomate et la coriandre. Assaisonner au goût. Donne 4 portions.

Brochettes de saumon

- 160 ml (2/3 de tasse) de miso
- 60 ml (1/4 de tasse) de xérès
- 2 branches de céleri en dés fins
- 60 ml (1/4 de tasse) de saké
- 15 ml (1 c. à soupe) de gingembre frais émincé
- 15 ml (1 c. à soupe) d'eau
- 700 g (1 1/2 lb) de filet de saumon sans la peau, en cubes
- 1 poivron rouge en gros quartiers
- 1 oignon rouge en gros quartiers

Au mélangeur, battre le miso avec le xérès, le céleri, le gingembre, le saké, le céleri, le gingembre et l'eau. Enfiler les cubes de saumon sur des brochettes. Alterner avec des quartiers de poivron et d'oignon. Déposer dans un plat, verser la marinade, couvrir et réfrigérer au moins 1 heure. Déposer les brochettes sur une plaque huilée et cuire sous le gril pendant 3 minutes de chaque côté. Terminer la cuisson à 180 °C (350 °F) au besoin. Servir chaud.

Donne 4 portions.

Casserole de riz et de soya

250 ml (1 tasse) de graines de soya trempées 12 heures

80 ml (1/3 de tasse) de riz à grains longs

1,25 litre (5 tasses) de bouillon de légumes

1 poireau émincé

3 gousses d'ail

375 ml (1 1/2 tasse) de tomates en dés, avec leur jus

5 ml (1 c. à thé) de cumin moulu

5 ml (1 c. à thé) de poudre de chili

5 ml (1 c. à thé) de garam masala (mélange de cardamome, de clou de girofle et de cannelle)

15 ml (1 c. à soupe) de basilic séché

1 poivron rouge en dés

250 ml (1 tasse) de petits bouquets de brocoli

8 min-épis de maïs coupés en deux (dans le sens de la longueur)

250 ml (1 tasse) de haricots verts coupés en morceaux d'environ 1 cm (1/2 po) de long

Dans un grand chaudron, verser les graines de soya, le riz et le bouillon. Cuire pendant 20 minutes à feu doux. Ajouter le poireau, l'ail, les tomates, les épices, le poivron rouge, le brocoli, les mini-épis de maïs et les haricots verts. Porter à ébullition, réduire le feu et couvrir afin de laisser mijoter pendant 15 minutes. Saler et poivrer au goût. Servir chaud.

Donne 4 portions.

Casserole de soya au bacon

60 ml (1/4 de tasse) de riz sauvage
30 ml (2 c. à soupe) d'huile d'olive
1 oignon haché
2 gousses d'ail émincées
2 tranches de bacon en petits morceaux
1 poivron vert en dés
125 ml (1/2 tasse) de riz à grains longs
375 ml (1 1/2 tasse) de graines de soya trempées 12 heures
5 ml (1 c. à thé) de poivre de Cayenne
425 ml (1 3/4 tasse) de bouillon de poulet
Sel et poivre

Faire tremper le riz sauvage pendant 1 heure. Égoutter et réserver. Dans un grand chaudron, verser l'huile et y faire revenir l'oignon

→

et l'ail. Ajouter le bacon et le poivron vert, et cuire 5 minutes. Y ajouter le riz sauvage, le riz à grains longs, les graines de soya, le poivre de Cayenne et le bouillon. Cuire à feu doux de 20 à 30 minutes, ou jusqu'à ce que le bouillon ait été entièrement absorbé et que le riz soit tendre. Assaisonner au goût et servir chaud.

Donne 4 portions.

Pain de viande

- 225 g (½ lb) de bœuf haché maigre
- 250 ml (1 tasse) de graines de soya bouillies, tendres
- 2 tranches de pain de blé entier émiettées
- 125 ml (½ tasse) de son de blé
- 30 ml (2 c. à soupe) de gruau d'avoine
- 30 ml (2 c. à soupe) de farine tout usage
- 15 ml (1 c. à soupe) de persil frais haché
- 2 œufs
- 180 ml (¾ de tasse) de lait
- 30 ml (2 c. à soupe) de sauce Worcestershire
- Sel et poivre

Mettre dans un bol le bœuf, le soya, le pain, le son de blé, le gruau, la farine et le persil.

Mélanger avec les mains. Dans un autre bol, battre les œufs avec le lait, la sauce Worcestershire, le sel et le poivre. Incorporer au mélange de bœuf et de soya. Verser la mixture dans un moule à pain de 23 cm (9 po) de long. Enfourner à 180 °C (350 °F) pendant 50 minutes ou jusqu'à ce que le pain soit bien ferme.

Donne 4 portions.

Pâté de soya et de lentilles

15 ml (1 c. à soupe) d'huile d'olive
1 oignon émincé
2 gousses d'ail émincées
15 ml (1 c. à soupe) de garam masala (mélange de cardamome, de clou de girofle et de cannelle)
5 ml (1 c. à thé) de coriandre moulue
750 ml (3 tasses) de bouillon de poulet
250 ml (1 tasse) de graines de soya trempées 12 heures
125 ml (½ tasse) de lentilles vertes
1 œuf
30 ml (2 c. à soupe) de lait de soya
½ mangue
Persil frais haché fin

→

Dans un chaudron, chauffer l'huile et y faire sauter l'oignon et l'ail. Ajouter le garam masala et la coriandre moulue. Verser le bouillon, les graines de soya et les lentilles. Porter à ébullition, puis réduire le feu. Cuire pendant une heure ou jusqu'à ce qu'il n'y ait plus d'excès de liquide (ajouter du bouillon par contre si les légumineuses ne sont pas tout à fait tendres). Passer le mélange de légumineuses au mélangeur avec l'œuf, le lait de soya, la mangue et le persil. Actionner le mélangeur pour obtenir une pâte homogène. Beurrer le fond d'un moule à pain et y verser la mixture. Cuire au four à 200 °C (400 °F) pendant 45 minutes ou jusqu'à ce que la pâte devienne ferme. Réfrigérer 15 minutes. Démouler et couper le pâté en tranches d'environ 1,5 cm (3/4 po) d'épaisseur. Servir tiède avec une salade et des craquelins.

Donne 8 portions.

Soya en ragoût

- 15 ml (1 c. à soupe) d'huile d'olive
- 2 gousses d'ail hachées
- 125 ml (1/2 tasse) de tomates en dés
- 250 ml (1 tasse) de graines de soya bouillies, tendres
- 250 ml (1 tasse) de jambon en cubes
- 125 ml (1/2 tasse) de bouillon de poulet
- 60 ml (1/4 de tasse) de vin blanc
- 15 ml (1 c. à soupe) de persil frais haché
- Sel et poivre
- 1 avocat en dés
- 15 ml (1 c. à soupe) de fromage parmesan râpé

Dans un chaudron, chauffer l'huile à feu moyen et y faire revenir l'ail. Ajouter les tomates, les graines de soya et le jambon. Verser les liquides. Porter à ébullition, baisser le feu et laisser mijoter 10 minutes à découvert. Ajouter le persil et assaisonner. Verser dans des bols et garnir de morceaux d'avocat et de parmesan.

Donne 4 portions.

Croquettes de soya

- 180 ml (3/4 de tasse) de lentilles rouges
- 180 ml (3/4 de tasse) de graines de soya trempées 12 heures
- 1 poivron vert en dés
- 2 gousses d'ail émincées
- 15 ml (1 c. à soupe) de garam masala (mélange de cardamome, de clou de girofle et de cannelle)
- 1 ml (1/4 de c. à thé) de poivre de Cayenne
- 15 ml (1 c. à soupe) de cumin moulu
- 30 ml (2 c. à soupe) de jus de citron
- 30 ml (2 c. à soupe) d'arachides non salées finement hachées
- 625 ml (2 1/2 tasses) d'eau
- 1 œuf
- 45 ml (3 c. à soupe) de farine
- 15 ml (1 c. à soupe) de curcuma
- 15 ml (1 c. à soupe) de poivre de Cayenne
- 60 ml (1/4 de tasse) d'huile végétale
- Sel et poivre

Verser dans un chaudron les lentilles, le soya, le poivron vert, l'ail, le garam masala, 1 ml de poivre de Cayenne, le cumin, le jus de citron et les arachides. Couvrir d'eau et porter à ébullition. Réduire le feu et laisser mijoter pendant 30 minutes. Une fois le liquide absorbé, retirer du feu et réserver. Dans un petit bol, battre l'œuf, saler et poivrer. Dans un autre bol, mélanger la farine, le curcuma et 15 ml de poivre de Cayenne. Façonner des boulettes avec la mixture de légumineuses refroidie. Tremper chaque boulette dans l'œuf battu, puis dans le mélange de farine. Dans un poêlon, chauffer l'huile et faire revenir les croquettes pendant environ 10 minutes ou jusqu'à ce qu'elles deviennent bien croquantes à l'extérieur. Servir chaudes avec une salade.

Légumineuses sautées à la mexicaine

- 45 ml (3 c. à soupe) d'huile d'olive
- 1 oignon haché
- 1 gousse d'ail émincée
- 250 ml (1 tasse) de haricots rouges bouillis, tendres
- 375 ml (1 1/2 tasse) de graines de soya bouillies, tendres
- 5 ml (1 c. à thé) de poudre de chili
- 125 ml (1/2 tasse) de bouillon de bœuf
- Poivre
- 250 ml (1 tasse) de fromage cheddar râpé

Dans une poêle, verser l'huile d'olive et y faire revenir l'oignon et l'ail. Ajouter les haricots rouges, le soya, la poudre de chili et le bouillon. Cuire 5 minutes à feu moyen-fort. Poivrer. Laisser réduire le bouillon presque totalement. Servir chaud avec du fromage.

Donne 4 portions.

Riz du Sud

- 60 ml (1/4 de tasse) d'huile d'olive
- 1 poivron vert en dés
- 1 poivron rouge en dés
- 1 oignon émincé
- 1 petit piment fort haché finement
- 2 tomates en dés
- 125 ml (1/2 tasse) de graines de soya bouillies, tendres
- 250 ml (1 tasse) de riz à grains longs bouilli
- 30 ml (2 c. à soupe) de persil frais haché
- 30 ml (2 c. à soupe) de thym frais haché
- 15 ml (1 c. à soupe) d'épices cajun
- Sel et poivre au goût

Dans un poêlon, chauffer l'huile et y faire revenir les poivrons, l'oignon et le piment fort. Ajouter les tomates et poursuivre la cuisson une ou deux minutes. Ajouter le soya et incorporer le mélange au riz bouilli. Ajouter les herbes et les épices. Assaisonner au goût.

Donne 4 portions.

Gratin de légumineuses

- 250 ml (1 tasse) d'épinards
- 250 ml (1 tasse) de haricots rouges trempés 12 heures
- 250 ml (1 tasse) de graines de soya trempées 12 heures
- 125 ml (½ tasse) de doliques à œil noir trempés 12 heures
- 2 oignons verts coupés finement
- Sel et poivre
- 15 ml (1 c. à soupe) de vinaigre balsamique
- 250 ml (1 tasse) de mozzarella râpé

Disposer les épinards au fond d'un plat à gratin. Ajouter les légumineuses et parsemer d'oignons verts. Saler, poivrer et verser le vinaigre balsamique. Ajouter le fromage et faire gratiner sous le gril jusqu'à ce que le fromage soit doré.

Donne 4 portions.

Tourtière presque végé

- 2 abaisses de pâte à tarte
- 250 ml (1 tasse) de graines de soya trempées 12 heures
- 225 g (1/2 lb) de veau haché maigre
- 225 g (1/2 lb) de dinde hachée
- 1 oignon espagnol émincé
- 2 oignons verts émincés
- 1 ml (1/4 de c. à thé) de cannelle moulue
- 1 ml (1/4 de c. à thé) de clou de girofle moulu
- 1 ml (1/4 de c. à thé) de poivre de Cayenne
- 5 ml (1 c. à thé) de thym séché
- 5 ml (1 c. à thé) de basilic séché
- 30 ml (2 c. à soupe) de bouillon de poulet concentré
- Sel et poivre

Dans un poêlon, mélanger tous les ingrédients, sauf la pâte à tarte. Cuire à feu moyen jusqu'à ce que la viande ne soit plus rosée. Répartir la viande également dans les abaisses de tarte. Laisser reposer, puis déposer la pâte pour refermer la tourtière. Cuire au four à 190 °C (375 °F) pendant 40 minutes.

Donne 8 portions.

Ragoût de légumineuses

- 15 ml (1 c. à soupe) de beurre
- 15 ml (1 c. à soupe) d'huile d'olive
- 1 oignon émincé
- 2 gousses d'ail hachées
- 2 branches de céleri en petits cubes
- 1 patate sucrée en cubes
- 2 carottes en dés
- 2 pommes pelées, en cubes
- 5 ml (1 c. à thé) de cumin
- 5 ml (1 c. à thé) de curcuma
- 1 courgette en cubes
- 250 ml (1 tasse) de bouillon de poulet
- 125 ml (½ tasse) de haricots rouges bouillis, tendres
- 125 ml (½ tasse) de doliques à œil noir bouillis, tendres
- 375 ml (1 ½ tasse) de graines de soya bouillies, tendres
- 60 ml (¼ de tasse) de coriandre fraîche hachée
- Sel et poivre
- 250 ml (1 tasse) de crème sure légère

Dans un grand chaudron, faire fondre le beurre dans l'huile d'olive. Y faire revenir l'oignon, l'ail, le céleri, la patate sucrée, les carottes et les pommes. Ajouter le cumin et le curcuma. Laisser mijoter à feu moyen-fort pendant 5 minutes. Ajouter la courgette et le bouillon de poulet. Couvrir, réduire le feu et laisser mijoter pendant 10 minutes. Ajouter les haricots, les doliques et le soya. Incorporer la coriandre et assaisonner. Verser la crème sure et mélanger. Laisser mijoter 5 minutes à découvert et servir sur des nouilles aux œufs ou du couscous.

Donne 4 portions.

Soya à la Kiev

- 125 ml (1/2 tasse) de beurre
- 3 gousses d'ail hachées
- 15 ml (1 c. à soupe) de persil frais haché
- 875 ml (3 1/2 tasses) de graines de soya bouillies, tendres
- 250 ml (1 tasse) de chapelure
- 30 ml (2 c. à soupe) de beurre
- 1 poireau émincé
- 1 branche de céleri en dés
- 15 ml (1 c. à soupe) de persil frais haché
- 1 œuf battu
- 125 ml (1/2 tasse) de chapelure
- Sel et poivre
- 60 ml (1/4 de tasse) d'huile végétale

Fabriquer du beurre à l'ail avec les trois premiers ingrédients. Déposer le mélange dans un papier ciré en formant un rondin. Rouler le papier ciré, l'envelopper dans une pellicule plastique et congeler environ une heure. Avec un pilon à pommes de terre, écraser les graines de soya. Incorporer 250 ml de chapelure. Dans une poêle chaude, faire fondre le beurre et y faire sauter le poireau et le céleri. Ajouter le mélange de soya et le persil, assaisonner. Laisser refroidir. Diviser la pâte en quatre parts égales. Façonner des boulettes ovales. Séparer le beurre à l'ail en quatre cubes. Insérer un cube dans chacune des boulettes et refermer les boulettes en les retravaillant à la main. Plonger chaque boulette dans l'œuf battu, puis dans la chapelure. Chauffer l'huile dans un poêlon et y faire cuire les boulettes environ dix minutes, ou jusqu'à ce qu'elles soient légèrement croquantes.

Donne 4 portions.

Végéburgers

- 125 ml (1/2 tasse) de couscous
- 140 ml (1/2 tasse + 1 c. à soupe) d'eau chaude
- 15 ml (1 c. à soupe) de beurre
- 500 ml (2 tasses) de graines de soya bouillies, tendres
- 1/4 de poivron rouge en gros morceaux
- 2 oignons verts hachés
- 1 citron (jus)
- 1 œuf
- 30 ml (2 c. à soupe) de beurre d'amandes
- 4 à 6 pains à hamburgers
- Condiments au choix

Préparer le couscous en le couvrant d'eau très chaude. Ajouter le beurre, couvrir et laisser gonfler. Au mélangeur, réduire en purée les graines de soya, les poivrons rouges, les oignons, le jus de citron, l'œuf et le beurre d'amandes. Verser la préparation dans un bol et incorporer le couscous. Façonner des boulettes avec le mélange. Dans une poêle, cuire les boulettes 5 minutes de chaque côté. Servir sur le pains et garnir avec les condiments.

Donne de 4 à 6 portions.

Ratatouille

- 15 ml (1 c. à soupe) d'huile d'olive
- 1 oignon haché
- 2 gousses d'ail hachées
- 1 grosse aubergine en cubes
- 10 ml (2 c. à thé) de basilic séché
- 5 ml (1 c. à thé) d'origan séché
- Sel et poivre
- 1 poivron jaune en gros morceaux
- 1 poivron rouge en gros morceaux
- 2 courgettes en gros dés
- 80 ml (1⁄3 de tasse) de pâte de tomates
- 500 ml (2 tasses) de graines de soya trempées 12 heures
- 375 ml (1 1⁄2 tasse) de tomates en dés
- 60 ml (1⁄4 de tasse) de persil frais haché

Dans une grande poêle, chauffer l'huile et faire revenir l'oignon et l'ail. Ajouter l'aubergine, le basilic, l'origan, le sel et le poivre et cuire 10 minutes. Incorporer poivrons, courgettes, pâte de tomates, soya et tomates, couvrir enfourner et laisser mijoter à 105 °C (225 °F) pendant au moins 2 heures. Garnir de persil frais et servir. Donne 4 portions.

Chili au poulet et aux haricots

- 30 ml (2 c. à soupe) d'huile d'olive
- 225 g (1/2 lb) de blanc de poulet en dés
- 1 oignon émincé
- 1 poivron vert en dés
- 2 gousses d'ail écrasées
- 1 piment fort haché fin
- 500 ml (2 tasses) de tomates en dés
- 80 ml (1/3 de tasse) de pâte de tomates
- 15 ml (1 c. à soupe) de poudre de chili
- 15 ml (1 c. à soupe) de cumin moulu
- 125 ml (1/2 tasse) de haricots rouges bouillis, tendres
- 125 ml (1/2 tasse) de haricots noirs bouillis, tendres
- 125 ml (1/2 tasse) de graines de soya bouillies, tendres

Dans un chaudron, chauffer l'huile à feu moyen et y faire dorer le poulet. Ajouter l'oignon, le poivron vert, l'ail et le piment fort. Cuire pendant 15 minutes, puis ajouter le reste des ingrédients. Couvrir et cuire 20 minutes.

Donne 4 portions.

Fritata extra

- 4 œufs
- 125 ml (1/2 tasse) de lait de soya
- Poivre et sel
- 45 ml (3 c. à soupe) d'huile d'olive
- 2 pommes de terre en dés
- 1 oignon émincé
- 1 gousse d'ail émincée
- 250 ml (1 tasse) de graines de soya trempées 12 heures
- 1 tomate coupée en quartiers
- 125 ml (1/2 tasse) de fromage cheddar râpé
- 60 ml (1/4 de tasse) de persil frais haché

Battre les œufs avec le lait de soya. Assaisonner et réserver. Préchauffer le four à 180 °C (350 °F). Verser l'huile dans une poêle pouvant aller au four. À feu moyen, y faire sauter les pommes de terre 3 minutes. Ajouter l'oignon et l'ail. Verser les graines de soya et la tomate. Verser la préparation d'œufs, mélanger grossièrement, parsemer de fromage et enfourner. Cuire pendant 15 minutes, et placer sous le gril 5 minutes. Garnir de persil et servir chaud. Donne 4 portions.

Chaudrée de soya à la mexicaine

- 15 ml (1 c. à soupe) d'huile d'olive
- 1 oignon haché
- 1 poivron vert en dés
- 500 ml (2 tasses) de tomates en dés
- 15 ml (1 c. à soupe) d'origan séché
- 250 ml (1 tasse) de bouillon de poulet
- 5 ml (1 c. à thé) de poudre de chili
- 125 ml (1/2 tasse) de haricots rouges bouillis, tendres
- 250 ml (1 tasse) de graines de soya bouillies, tendres
- 250 ml (1 tasse) de maïs en grains

Dans un grand chaudron, chauffer l'huile à feu moyen et y faire revenir les oignons et le poivron vert. Incorporer les tomates, l'origan, le bouillon de poulet et la poudre de chili. Porter à ébullition. Réduire le feu, couvrir et laisser mijoter 5 minutes. Ajouter les haricots rouges, le soya et le maïs en grains. Couvrir et cuire 5 minutes.

Donne 4 portions.

Poulet express en sauce au curry

- 45 ml (3 c. à soupe) d'huile d'olive
- 450 g (1 lb) de blanc de poulet en cubes
- 1 gousse d'ail émincée
- 30 ml (2 c. à soupe) de farine tout usage
- 375 ml (1 ½ tasse) de lait de soya nature
- 2,5 ml (½ c. à thé) de poudre de curry
- 15 ml (1 c. à soupe) de sauce de soya

Dans une poêle, chauffer l'huile et y faire dorer le poulet. Cuire 12 minutes, puis retirer le poulet de la poêle. Faire revenir l'ail dans le gras de cuisson. Saupoudrer de farine. Mélanger, puis y verser le lait de soya en fouettant. Ajouter la poudre de curry et la sauce soya. Laisser mijoter pendant 10 minutes ou jusqu'à ce que la sauce ait bien épaissi. Remettre le poulet et terminer la cuisson.

Donne 4 portions.

Blanquette de veau au lait de soya

- 15 ml (1 c. à soupe) d'huile d'olive
- 450 g (1 lb) de veau en cubes
- 1 échalote grise hachée
- 4 carottes coupées en rondelles
- 250 ml (1 tasse) de champignons émincés
- 250 ml (1 tasse) de bouillon de légumes
- 10 ml (2 c. à thé) de fécule de maïs
- 180 ml (3/4 de tasse) de lait de soya nature
- Sel et poivre

Dans un grand chaudron, chauffer l'huile et y faire sauter les cubes de veau. Une fois la viande brunie, ajouter l'échalote et les carottes. Cuire pendant 5 minutes, puis verser les champignons et le bouillon. Porter à ébullition et réduire le feu. Dans un petit bol, délayer la fécule de maïs dans le lait de soya. Verser le lait dans le chaudron. Laisser mijoter 30 minutes. Assaisonner.

Donne 4 portions.

«Bines» de soya

- 1,75 litre (7 tasses) de graines de soya trempées 12 heures (un sac de 450 g ou 1 lb de soya sec)
- 180 ml (3/4 de tasse) de sauce tomate
- 625 ml (2 1/2 tasses) de bouillon de poulet
- 500 ml (2 tasses) de jus de légumes
- 1 oignon coupé en gros quartiers
- 1 pomme râpée
- 45 ml (3 c. à soupe) de mélasse
- 30 ml (2 c. à soupe) d'huile de tournesol
- 10 ml (2 c. à thé) de vinaigre de cidre
- 5 ml (1 c. à thé) de moutarde en poudre
- 2,5 ml (1/2 c. à thé) de sarriette

Égoutter les graines de soya et les verser dans un plat à mijoter. Verser tous les ingrédients et laisser au four à 120 °C (250 °F) toute une nuit. Vérifier la cuisson de temps en temps et ajouter un peu de liquide au besoin.

Donne 8 portions.

Macaroni au fromage

- 375 ml (1 ½ tasse) de macaronis non cuits
- 180 ml (¾ de tasse) de lait évaporé 1 %
- 250 ml (1 tasse) de graines de soya bouillies, tendres
- 125 ml (½ tasse) de fromage ricotta
- 125 ml (½ tasse) de fromage cheddar râpé
- 2,5 ml (½ c. à thé) de muscade
- Sel et poivre
- 15 ml (1 c. à soupe) de fromage parmesan râpé
- 15 ml (1 c. à soupe) de chapelure

Cuire les macaronis et réserver. Préchauffer le four à 180 °C (350 °F). Dans un chaudron, chauffer le lait de soya à feu doux et y faire fondre les fromages ricotta et cheddar en brassant doucement. Ajouter la muscade, le sel, le poivre et les macaronis. Bien mélanger. Transférer le mélange dans un plat à gratin. Saupoudrer de parmesan et de chapelure. Cuire au four pendant 15 minutes et terminer la cuisson en plaçant le plat 5 minutes sous le gril.

Donne 4 portions.

Pilons de poulet au curcuma

- 30 ml (2 c. à soupe) d'huile d'olive
- 8 à 10 pilons de poulet
- 3 oignons émincés
- 3 gousses d'ail émincées
- 10 ml (2 c. à thé) de gingembre frais haché fin
- 10 ml (2 c. à thé) de thym séché
- 15 ml (1 c. à soupe) de curcuma
- 250 ml (1 tasse) de tomates en dés
- 125 ml (½ tasse) de graines de soya bouillies, tendres
- 60 ml (¼ de tasse) de vin blanc
- 60 ml (¼ de tasse) de crème 15 %
- Sel et poivre

Dans une poêle, chauffer l'huile et faire dorer les pilons. Retirer le poulet cuit. Enlever le surplus de gras de la poêle, mais en garder environ 15 ml (1 c. à soupe) afin de faire revenir les oignons, l'ail et le gingembre. Ajouter le thym et le curcuma. Mélanger, puis verser les tomates et le soya. Remettre le poulet et laisser mijoter 10 minutes. Verser le vin blanc et la crème, assaisonner. Servir chaud avec du riz. Donne 4 portions.

Ragoût express de soya et de pois chiches

15 ml (1 c. à soupe) d'huile d'olive
1 oignon haché
2 gousses d'ail émincées
250 ml (1 tasse) de bouillon de poulet
250 ml (1 tasse) de tomates en dés
15 ml (1 c. à soupe) de basilic séché
2,5 ml (½ c. à thé) de paprika
5 ml (1 c. à thé) d'origan séché
2 pommes de terre en dés
250 ml (1 tasse) de pois chiches bouillis, tendres
250 ml (1 tasse) de graines de soya bouillies, tendres
15 ml (1 c. à soupe) de persil séché
Poivre

Dans un chaudron, faire chauffer l'huile et y faire revenir l'oignon. Verser le bouillon et porter à ébullition. Incorporer tous les autres ingrédients. Baisser le feu et laisser mijoter 20 minutes.

Donne 4 portions.

Salade de bœuf et de soya

- 30 ml (2 c. à soupe) de vinaigre balsamique
- 15 ml (1 c. à soupe) de moutarde de Dijon
- 1 gousse d'ail hachée
- 15 ml (1 c. à soupe) d'origan séché
- 80 ml (1/3 de tasse) d'huile d'olive
- Sel et poivre
- 225 g (1/2 lb) de bœuf cuit, tranché en fines lanières
- 375 ml (1 1/2 tasse) de graines de soya bouillies, tendres
- 1 laitue
- 1/2 radicchio (laitue rouge)
- 1 carotte en fines juliennes
- Persil frais haché

Dans un bol, fouetter le vinaigre, la moutarde, l'ail, l'origan, l'huile, le sel et le poivre. Incorporer le bœuf et le soya, couvrir et laisser mariner 1 heure au frais. Préparer des assiettes de laitue et de radicchio et y déposer les tranches de bœuf et le soya. Garnir de carottes râpées en fines juliennes et de persil.

Donne 4 portions.

Couscous aux légumes et aux merguez

- 30 ml (2 c. à soupe) d'huile d'olive
- 2 carottes en rondelles
- 1 oignon émincé
- 1 gousse d'ail émincée
- 250 ml (1 tasse) de purée de tomates
- 250 ml (1 tasse) de bouillon de poulet
- 1 poivron rouge en dés
- 1 poivron jaune en dés
- 1 courgette en dés
- 250 ml (1 tasse) de pois chiches trempés 12 heures
- 250 ml (1 tasse) de graines de soya trempées 12 heures
- 15 ml (1 c. à soupe) de sauce soya
- 250 ml (1 tasse) de couscous non cuit
- 330 ml (1 1/3 tasse) d'eau
- 30 ml (2 c. à soupe) de beurre
- Sel et poivre
- 4 saucisses merguez

Dans un grand chaudron, verser l'huile et faire cuire les carottes avec l'oignon et l'ail. Ajouter la purée de tomates, le bouillon de poulet et la sauce soya. Mélanger et couvrir.

⟶

Laisser les carottes s'attendrir pendant environ 7 minutes. Ajouter les poivrons et la courgette. Cuire 2 minutes. Ajouter les pois chiches et le soya. Laisser mijoter à feu doux pendant 30 minutes. Entre-temps, faire cuire les saucisses merguez à point. Réserver au chaud. Préparer le couscous avec l'eau, le beurre et le sel. Servir le mélange de légumes sur un lit de couscous et garnir d'une saucisse merguez.

Donne 4 portions.

Pain de soya et de lentilles

- 15 ml (1 c. à soupe) de beurre
- 1 oignon émincé
- 250 ml (1 tasse) de lentilles rouges sèches
- 250 ml (1 tasse) de graines de soya trempées 12 heures
- 250 ml (1 tasse) de bouillon de poulet
- 375 ml (1 1/2 tasse) de champignons hachés
- 15 ml (1 c. à soupe) d'huile d'olive
- 4 œufs
- 45 ml (3 c. à soupe) de sauce soya
- Sel et poivre
- Persil frais haché

Dans un chaudron, faire fondre le beurre et y faire revenir l'oignon. Ajouter les lentilles, le soya et le bouillon. Porter à ébullition, réduire le feu et laisser mijoter pendant 30 minutes. Ajouter du liquide au besoin, jusqu'à ce que les lentilles soient bien tendres. Saler et réserver. Dans une poêle, faire tomber les champignons dans l'huile. Incorporer au mélange de lentilles. Dans un petit bol, battre les œufs avec la sauce soya. Assaisonner. Verser sur le mélange de lentilles et mélanger afin d'obtenir une pâte homogène. Verser la mixture dans un moule à pain et enfourner à 190 °C (375 °F) pendant 45 minutes. Retirer du four et laisser reposer quelques minutes avant de servir, coupé en tranches. Garnir de persil frais haché.

Donne 4 portions

ET POUR LES DENTS SUCRÉES...

Des desserts au soya? Bien sûr! Et ce n'est pas si difficile que vous le croyez! Laissez-moi vous proposer quelques gâteries très intéressantes...

Muffins aux petits fruits rouges

- 30 ml (2 c. à soupe) d'huile de tournesol
- 125 ml (½ tasse) de canneberges décongelées
- 125 ml (½ tasse) de fraises en morceaux
- 125 ml (½ tasse) de cerises dénoyautées coupées en quatre
- 45 ml (3 c. à soupe) de sucre
- 375 ml (1 ½ tasse) de farine tout usage
- 250 ml (1 tasse) de farine de blé entier
- 125 ml (½ tasse) de son de blé
- 250 ml (1 tasse) de gruau d'avoine
- 15 ml (1 c. à soupe) de levure chimique (poudre à pâte)

→

7 ml (1 ½ c. à thé) de bicarbonate de soude

160 ml (⅔ de tasse) de cassonade

60 ml (¼ de tasse) de pacanes en morceaux

2 œufs

500 ml (2 tasses) de lait de soya

80 ml (⅓ de tasse) d'huile de tournesol

Préchauffer le four à 190 °C (375 °F). Dans une poêle, chauffer 30 ml d'huile et y faire cuire à feu doux, pendant 10 minutes, les fraises et les canneberges avec le sucre. Réserver. Dans un grand bol, mélanger les farines, le son de blé, le gruau, la levure chimique, le bicarbonate de soude, la cassonade et les pacanes. Dans un autre bol, battre les œufs avec le lait de soya et 80 ml d'huile de tournesol. Incorporer la préparation de fraises et de canneberges. Mélanger les ingrédients liquides et les ingrédients secs. Verser la pâte dans des moules à muffins huilés. Cuire au four de 17 à 20 minutes.

Donne 12 muffins.

Flan au soya

- 1 litre (4 tasses) de lait de soya nature
- 5 ml (1 c. à thé) d'extrait de vanille
- 80 ml (1⁄3 de tasse) de sucre à glacer
- 4 œufs
- 30 ml (2 c. à soupe) de farine tout usage
- 20 ml (4 c. à thé) de fécule de maïs
- 15 ml (1 c. à soupe) d'extrait de vanille
- 30 ml (2 c. à soupe) de rhum
- 60 ml (1⁄4 de tasse) d'amandes broyées

Préchauffer le four à 200 °C (400 °F). Beurrer un moule de 23 cm de diamètre (9 po). Réserver. Dans un chaudron, faire frémir le lait de soya avec 5 ml d'extrait de vanille. Dans un bol à part, fouetter le sucre, les œufs, la farine et la fécule. Verser doucement le lait chaud dessus en fouettant. Remettre sur le feu et cuire le temps que la sauce épaississe. Ajouter la vanille et le rhum. Prélever 375 ml (1 ½ tasse) de cette crème, la verser dans un petit bol et y incorporer les amandes. Verser la crème aux amandes dans le moule beurré. Verser par-dessus le

→

reste de la crème. Enfourner et faire cuire 40 minutes ou jusqu'à ce que le flan soit doré. Réfrigérer au moins 1 heure. Servir frais tel quel ou avec un coulis de petits fruits.

Donne 6 portions.

Coupe de fruits en crème pâtissière au soya

- 40 ml (2 ½ c. à soupe) de fécule de maïs
- 60 ml (¼ de tasse) de lait de soya nature
- 500 ml (2 tasses) de lait de soya nature
- 30 ml (2 c. à soupe) de miel
- 5 ml (1 c. à thé) d'extrait de vanille
- 1 orange (zeste)
- 500 ml (2 tasses) de fruits (fraises, bleuets, cantaloup, ananas, etc.)

Dans un petit bol, délayer la fécule avec 60 ml de lait de soya. Dans un petit chaudron, chauffer à feu doux 500 ml de lait de soya avec le miel et la vanille. Incorporer le mélange de fécule et cuire jusqu'à ce que la sauce épaississe. Ajouter le zeste d'orange finement râpé. Préparer des coupes avec les fruits et garnir de crème pâtissière. Donne 4 portions.

Barres chocolatées

- 1 œuf
- 15 ml (1 c. à soupe) de cassonade
- 80 ml (1/3 de tasse) de crème 15 %
- 30 ml (2 c. à soupe) de miel
- 60 ml (1/4 de tasse) de farine tout usage
- 5 ml (1 c. à thé) de levure chimique (poudre à pâte)
- 90 g (3 oz ou 3 carrés) de chocolat mi-sucré, réduit en copeaux
- 125 ml (1/2 tasse) de gruau d'avoine
- 60 ml (1/4 de tasse) de noix de Grenoble hachées
- 60 ml (1/4 de tasse) de farine de sarrasin

Dans un petit bol, fouetter l'œuf avec la cassonade. En fouettant, ajouter la crème, le miel, la farine tout usage et la levure chimique. Ajouter le chocolat, le gruau, les noix de Grenoble et la farine de sarrasin, et mélanger avec une cuillère. Déposer du papier ciré dans un moule carré de 20 cm (8 po). Verser la mixture dans le moule et enfourner à 200 °C (400 °F) pendant 15 minutes. Réfrigérer 1 heure. Couper en barres.

Donne de 10 à 12 barres.

Tapioca «rayon de soleil»

- 1 œuf, jaune et blanc séparés
- 60 ml (1/4 de tasse) de jus d'ananas non sucré
- 180 ml (3/4 de tasse) de lait de soya
- 45 ml (3 c. à soupe) de tapioca à cuisson rapide
- 20 ml (4 c. à thé) de sucre
- 1 pincée de sel
- 125 ml (1/2 tasse) de purée d'ananas
- 125 ml (1/2 tasse) de yogourt nature
- 1 ml (1/4 de c. à thé) d'essence de noix de coco
- 1 blanc d'œuf

Dans un petit bol, fouetter le jaune d'œuf avec le jus d'ananas. Ajouter le lait de soya, le tapioca, le sucre et le sel. Verser la préparation dans un chaudron et cuire à feu doux pendant 10 minutes en remuant souvent. Retirer du feu. Incorporer la purée d'ananas, le yogourt et l'essence de noix de coco. Dans un bol à part, monter les blancs d'œuf en neige ferme. Incorporer ces blancs d'œuf au mélange de tapioca avec un fouet. Verser dans des coupes et réfrigérer au moins 1 heure. Servir frais.

Donne 4 portions.

Gâteau au chocolat au tofu

- 160 ml (2/3 de tasse) de farine tout usage
- 30 ml (2 c. à soupe) de poudre de cacao
- 1 pincée de sel
- 7,5 ml (1 1/2 c. à thé) de levure chimique (poudre à pâte)
- 30 ml (2 c. à soupe) de sucre
- 150 g (5 oz ou 5 carrés) de chocolat mi-sucré
- 250 ml (1 tasse) de tofu soyeux
- 250 ml (1 tasse) de lait de soya
- 125 ml (1/2 tasse) de sirop d'érable
- 5 ml (1 c. à thé) d'extrait de vanille

Préchauffer le four à 180 °C (350 °F). Mélanger la farine, la poudre de cacao, le sel, la levure chimique et le sucre dans un grand bol. Réserver. Dans un petit chaudron, à feu très doux, faire fondre le chocolat. Entretemps, passer le tofu soyeux, le lait de soya, l'huile, le sirop d'érable et la vanille au mélangeur. Verser sur le chocolat fondu et fouetter pour bien incorporer tous les ingrédients. Mélanger ce liquide avec les ingrédients secs. Verser la pâte dans un moule à gâteau et enfourner pendant 40 minutes ou

⟶

jusqu'à ce qu'un cure-dent planté au milieu du gâteau en ressorte propre.

Donne 8 portions.

Carré automnal

- 250 ml (1 tasse) de chair de citrouille cuite
- 2 pommes pelées, en dés
- 125 ml (1/2 tasse) de noix de Grenoble hachées
- 3 œufs
- 45 ml (3 c. à soupe) de sucre à glacer
- 160 ml (2/3 de tasse) de lait de soya
- 45 ml (3 c. à soupe) d'huile de sésame
- 125 ml (1/2 tasse) de farine tout usage
- 5 ml (1 c. à thé) de cannelle
- 7,5 ml (1 1/2 c. à thé) de levure chimique (poudre à pâte)

Dans un bol, mélanger la chair de citrouille avec les pommes et les noix. Dans un autre bol, battre les œufs avec le sucre, le lait de soya et l'huile de sésame. Incorporer la farine, la cannelle et la levure chimique. Mélanger la préparation de farine avec la citrouille et verser dans un moule rectangulaire. Enfourner à 180 °C (350 °F) et faire cuire 30 minutes. Laisser refroidir.

Donne 8 portions.

Crêpes au lait de soya

- 160 ml (2/3 de tasse) de farine tout usage
- 45 ml (3 c. à soupe) de sucre
- 3 œufs
- 30 ml (2 c. à soupe) de beurre fondu
- 5 ml (1 c. à thé) de Grand Marnier
- 1 pincée de sel
- 500 ml (2 tasses) de lait de soya nature

Mettre la farine dans un bol avec le sucre, les œufs, le beurre fondu, le Grand Marnier et le sel. Mélanger. Ajouter le lait de soya doucement, et battre jusqu'à l'obtention d'une pâte onctueuse. Laisser reposer la pâte 1 heure. Cuire comme des crêpes traditionnelles.

Donne 4 portions

Soufflé froid chocolaté

- 500 ml (2 tasses) de lait de soya
- 4 œufs, blancs et jaunes séparés
- 60 ml (1/4 de tasse) d'eau froide
- 2 enveloppes de gélatine sans saveur
- 15 ml (1 c. à soupe) de poudre de cacao
- 60 ml (1/4 de tasse) de sucre
- 500 ml (2 tasses) de crème à fouetter
- 1 pincée de sel
- 125 ml (1/2 tasse) de coulis de framboises

Dans un chaudron, chauffer le lait de soya à feu doux. Battre les jaunes d'œufs et les incorporer lentement au lait en fouettant. Cuire ce mélange en fouettant doucement, jusqu'à ce qu'il épaississe. Verser dans un bol et réserver. Dans un second chaudron, verser l'eau froide et y faire dissoudre la gélatine à feu doux. Ajouter au mélange de lait de soya avec la poudre de cacao et le sucre. Réserver. Dans un petit bol, fouetter la crème. Réserver. Dans un grand bol, monter les blancs d'œufs en neige avec une pincée de sel. Incorporer à la crème fouettée. Avec une spatule, ajouter doucement le mélange de lait de soya refroidi. Verser dans un grand plat à soufflé et réfrigérer au moins trois heures. À la cuillère ou à l'aide d'une spatule, découper le soufflé en portions individuelles. Servir dans des assiettes à dessert avec un coulis de framboises.

Donne 10 portions.

Pouding au pain

- 4 tranches de pain de blé entier, en cubes
- 125 ml (1/2 tasse) de graines de soya bouillies, tendres
- 60 ml (1/4 de tasse) de raisins secs
- 2 pommes pelées, en dés
- 180 ml (3/4 de tasse) de fromage cheddar fort, râpé
- 2 œufs
- 125 ml (1/2 tasse) de lait de soya nature
- 60 ml (1/4 de tasse) de sirop d'érable
- 1 ml (1/4 de c. à thé) de cannelle

Préchauffer le four à 180 °C (350 °F). Graisser un moule à pain en verre. Disposer dans le moule le pain, le soya, les raisins secs, les pommes et le cheddar. Dans un bol, battre

→

les œufs, le lait de soya, le sirop d'érable et la cannelle. Verser sur le mélange de pain. Enfourner pendant 40 minutes. Servir tiède ou froid.

Donne 8 portions.

Pouding au riz explosif

- 1 litre (4 tasses) de lait de soya nature
- 5 ml (1 c. à thé) d'extrait de vanille
- 60 ml (1/4 de tasse) de sucre
- 2,5 ml (1/2 c. à thé) de noix de muscade moulue
- 2,5 ml (1/2 c. à thé) de cannelle moulue
- 1 ml (1/4 de c. à thé) de clou de girofle moulu
- 160 ml (2/3 de tasse) de riz à grains courts
- 1 œuf
- 60 ml (1/4 de tasse) de sucre
- 125 ml (1/2 tasse) de dattes dénoyautées, hachées
- 60 ml (1/4 de tasse) d'amandes effilées
- 1 ml (1/4 de c. à thé) de noix de muscade moulue

Dans un chaudron, chauffer à feu doux le lait de soya, 60 ml de sucre, la muscade, la cannelle et le clou de girofle. Ajouter le riz et cuire doucement, pendant environ 30 minutes

e le riz soit tendre. Remuer de
s. Entre-temps, dans un petit
uf avec 60 ml de sucre. Verser
nge de riz épicé. Mélanger à la
sser épaissir et retirer du feu.
s dattes et les amandes. Répartir
ols et saupoudrer de muscade
nger tiède ou froid.

Donne 4 portions.

es de soya aux cerises de terre

(1 3/4 de tasse) de graines de soya
empées 12 heures

l (3 c. à soupe) de sucre

l (1 c. à thé) d'extrait de vanille

pincée de sel

,5 ml (1/2 c. à thé) de bicarbonate de soude

75 ml (1 1/2 tasse) de lait de soya

18 cerises de terre coupées en moitiés

asser au mélangeur tous les ingrédients, auf le lait de soya et les cerises de terre. Actionner le mélangeur, puis y verser doucement le lait de soya afin d'obtenir une pâte

homogène assez ferme, no
chauffer le four à 160 °C (32
pâte sur une plaque de cuiss
de papier ciré ou parchemin.
pâte de façon uniforme pour for
d'environ 30 cm (12 po) de côté.
dant 60 minutes ou jusqu'à ce qu
de la pâte soit croustillante et do
en carrés et garnir chacun d'une
de terre. Saupoudrer de sucre à g
varier les saveurs, utiliser un alco
place de l'extrait de vanille.)

ou jusqu'à ce que le riz soit tendre. Remuer de temps en temps. Entre-temps, dans un petit bol, battre l'œuf avec 60 ml de sucre. Verser dans le mélange de riz épicé. Mélanger à la cuillère. Laisser épaissir et retirer du feu. Incorporer les dattes et les amandes. Répartir dans des bols et saupoudrer de muscade moulue. Manger tiède ou froid.

Donne 4 portions.

Tartelettes de soya aux cerises de terre

- 430 ml (1 ¾ de tasse) de graines de soya trempées 12 heures
- 45 ml (3 c. à soupe) de sucre
- 5 ml (1 c. à thé) d'extrait de vanille
- 1 pincée de sel
- 2,5 ml (½ c. à thé) de bicarbonate de soude
- 375 ml (1 ½ tasse) de lait de soya
- 18 cerises de terre coupées en moitiés

Passer au mélangeur tous les ingrédients, sauf le lait de soya et les cerises de terre. Actionner le mélangeur, puis y verser doucement le lait de soya afin d'obtenir une pâte

→

homogène assez ferme, non liquide. Préchauffer le four à 160 °C (320 °F). Verser la pâte sur une plaque de cuisson recouverte de papier ciré ou parchemin. Abaisser la pâte de façon uniforme pour former un carré d'environ 30 cm (12 po) de côté. Cuire pendant 60 minutes ou jusqu'à ce que la surface de la pâte soit croustillante et dorée. Couper en carrés et garnir chacun d'une demi-cerise de terre. Saupoudrer de sucre à glacer. (Pour varier les saveurs, utiliser un alcool fin à la place de l'extrait de vanille.)